Economie et des Finances pour les affaires
Arthur H Tafero

Avant

Ce livre n'est pas pour les débutants. Les débutants et les gens d'affaires devraient examiner mon livre, Introduction à l'entreprise - Deuxième édition, avant de tenter de s'attaquer à cette analyse plus complexe.

Ce texte est pour les majors d'affaires à l'université et gens d'affaires expérimentés qui souhaitent avoir une meilleure compréhension de la façon de concourir pour un poste dans le 8% de la population qui a du succès en affaires depuis trois ans ou plus.

Il ya vaste plan de leçon présente à la fois des finances et de la macroéconomie (Bernanke) contenues dans ce texte. Finances est principalement concerné par les grandes entreprises publiques, et la macro-économie est principalement lié à la connaissance générale des variables qui peuvent affecter votre entreprise positivement ou négativement au cours de l'exercice.

Assurez-vous que vous avez maîtrisé les principes du marketing et des ventes avant d'essayer de comprendre ces principes complexes. En substance, la finance est très simple; vous empruntez de l'argent pour une entreprise basée sur l'attente des ventes dans cette entreprise pour l'avenir. La plupart des prêts dans ce domaine sont fixés, ce qui signifie que vous pourrez mettre en place votre maison, caisse de retraite, et d'autres actifs afin de financer votre entreprise.

La banque n'est pas dans l'entreprise de prendre des risques. Ils préfèrent de loin prendre vos actifs. Certaines banques vivent dangereusement. Elles offrent des prêts pour les entreprises sans une sécurité à 100%; qui est-à-dire, ils parient sur votre succès. Parfois, les banques comme celles-ci vont d'eux-mêmes affaires.

Depuis les chances d'une entreprise en difficulté dans les trois ans sont 92-8, il est fortement recommandé que vous n'investissez pas l'ensemble de vos biens dans une entreprise. (Source: Wharton School of Business, Penn, la Banque de Chine)

Université et de la Banque du Département de petits prêts de la Chine, Pékin). Gardez une partie de votre épargne et / ou de fonds de retraite de sécurité en cas d'urgence, au cas où vous faites partie des 92% qui échouent.

Si vous êtes un banquier ou un autre technicien professionnel, il vous incombera de comprendre les principes de la finance et en économie avant de prendre des décisions financières complexes.

Le financement peut être un exercice utile, productive et rentable, si elle est pratiquée correctement. Il peut être un gouffre financier pour lequel vous aurez à payer pour plusieurs années si vous ne faites pas attention.

Economie et les variables contenues dans cette discipline, ont la même promesse pour créer des opportunités financières avec la compréhension du patient des principes en cause. Ceux qui procèdent sans comprendre ces principes, aller de l'avant à leurs propres risques, et sont susceptibles de devenir l'un des 92%.

Arthur H Tafero

Table des matières

Avant pg1
Table des matières pg3

Section des finances
Leçon un - Aperçu des Finances pg4
Deuxième leçon - Actifs financiers pg7
Troisième leçon -. Marchés financiers PG10
Quatrième leçon - Intermédiaires financiers PG12
Cinquième leçon -. Coût de l'argent (Intérêt) pg14
Sixième leçon - Les organisations et les impôts pg16
Septième leçon - États financiers pg20
Huitième leçon - Planification financière et des contrôles pg22
Lesson Nine - évaluation Concepts PG24
Leçon Dix - Risque et rendement pg26
Leçon Eleven - Finances et le coût du capital pg28
Leçon Douze - la budgétisation des immobilisations pg30
Leçon Treize - Structure du capital pg33
Leçon Quatorze - Fonds de roulement pg36
Leçon Quinze - Gestion de trésorerie pg39
Leçon Seize - Concepts d'investissement pg42
Leçon Dix-sept - Informatique Returns..pg44 investissement
Leçon Dix-huit - Sécurité évaluation et Selection..pg 47

Section Macroéconomie
Leçon un - Penser comme un économiste pg51
Deuxième leçon - les dépenses, le revenu et le PIB pg53
Troisième leçon - Inflation et Prix Leve PG55
Quatrième leçon - salaires et le chômage pg57
Cinquième leçon - la croissance économique et de l'épargne pg59
Sixième leçon - épargne nationale, l'investissement et la capitale ... pg61
Septième leçon - système financier, l'argent et les prix pg63
Huitième leçon - à court terme les fluctuations économiques pg66
Lesson Nine - Examen intra pg67

Leçon Dix - Simulation économies pg68
Leçon Eleven - Dépenses PG70
Leçon Douze - Stabiliser une économie pg72
Leçon Treize - Offre et demande pg74
Leçon les plans de Tafero de Jour - Finance - Présentation des Finances - Un
Leçon un - Aperçu des Finances
Texte de référence pour cette leçon: Principes des Finances - Scott Besley, Eugene F. Brigham

Consultatif * - La méthode de résolution pour une inconnue dans une formule économique ou statistique contenue dans la finance est la suivante:
A. définir soigneusement et de comprendre chacune des variables dans la formule
B. formules qui comprennent des variables temporelles suppose que toutes les autres variables seront constante, ce qui bien sûr, n'est pas possible.
C. Utilisez une lettre ou un symbole pour chacune des variables
D. Créer un calcul mathématique logique d'obtenir un résultat de la combinaison de variables.
1. marchés financiers 4 - bancaire dans les deux sites nationaux et internationaux.
2. Placements 4 - les décisions des individus et des institutions de sécurité.
3. finance Gestion 4 - les banques et les autres institutions qui choisissent les titres de placement
4. Implications financières 7 - Il ya des implications financières dans presque toutes les entreprises.
5. causes de la mondialisation de l'entreprise 12 -
un. L'amélioration des transports
b. L'amélioration de la communication
c. Les changements politiques contre le protectionnisme
d. Les nouvelles technologies
e. Externalisation
La mondialisation a eu lieu naturellement comme un résultat de l'évolution progressive des économies internationales. L'amélioration des transports permet greatercommerce entre les pays et au sein de chaque pays. Une meilleure communication permet plus de transactions financières se produisent à l'intérieur et à l'extérieur du pays. La qualité de ces transactions augmente à mesure que la qualité de la communication augmente. Bien que la récente crise financière mondiale a suscité un tour du protectionnisme à l'échelle internationale, la tendance générale est encore l'abaissement du protectionnisme dans plus de 200 pays à l'échelle internationale. L'abaissement de cette variable permet de plus grands volumes de commerce et des rapports plus entre les pays. La nouvelle technologie permet aux pays de suivre de plus près leurs ressources et économiser de l'argent sur les frais d'inventaire. L'externalisation permet aux pays de tirer parti des salaires inférieurs pour un travail similaire dans d'autres pays et d'éviter les coûts inutiles de travail dans les pays d'origine où le coût du travail est beaucoup plus cher.
6. responsabilités Financial Manager
Prévision et de planification 14 - Ce sont tous des suppositions éclairées qui fournissent une base pour un début Plan A qui évoluera dans un plan B, selon la théorie éprouvée par le temps de la Stratégie Chandler-Structure relation.

un. D'investissement et de financement décisions majeures 14 - Si une entreprise cherche à financer par la dette à long terme? Qu'en est-il des frais d'intérêt pour cette stratégie? Si une entreprise de financer via Stock? Que faire si le stock est sous-évalué ou surévalué?
b. Coordination et de contrôle 14 - la croissance avec efficacité
c. Analyse des marchés financiers 14 - marchés monétaires et financiers, l'inflation, les incitations
ICA 1 - HW 1

Écrire un essai sur chacune des questions essentielles suivantes:
1 Comment a évolué le financement depuis le 20e siècle?
2 Pourquoi devrions-nous étudier la finance, même si ce n'est pas notre principal?
3 Comment pouvez-vous améliorer vos décisions financières personnelles en étudiant la finance?
4 Pourquoi est-il probable aux États-Unis imposera de plus grandes restrictions financières sur les marchés financiers et les entreprises après la crise financière mondiale?

Ressources Internet pour cette leçon:
Général Matériau de référence pour tous les contenus
http://www.askmrmovies.com
Nouvelles restrictions financières aux États-Unis
www.demographia.com/db-overhang.pdf
IPO
www.hoovers.com

Leçon les plans de Tafero de Jour - Finances - actifs financiers - Deux
Deuxième leçon - Actifs financiers

1. des biens immobiliers - 18 - Un élément physiquement observable ou palpable
2. actifs financiers - 18 - Une promesse de distribuer les flux de trésorerie à l'avenir
3. bons du Trésor -19 - vendus à des pays ou des banques par le Trésor pour financer les

gouvernements
4. de conventions de rachat - 19 - Banques Vente de placements avec une promesse de rachat
5. fonds fédéraux - 19 - Prêts de réserve de la Banque
Acceptation de 6 Banker - 19 - Société promet de payer
7. Papier Commericial -19 - prêt émis par des sociétés fortes
8. CD négociables - 19 Banque intérêt
9. eurodollars - 19 à des dépôts en dollars en Europe
10. fonds du marché monétaire - 19 - Participations dans des T-Bills, CD et autres courts-termes
11. Obligations municipales - 19 - délivrés par les États et les villes
12. prêts à terme - 19 - Prêts sur des périodes déterminées
13. Hypothèques - 19 - prêts au logement
14. Obligations de sociétés -19 - actions moins risquées que les actions de la société
15 Actions privilégiées - 19 - actions de la société moins risqué que les actions ordinaires
16 actions ordinaires - 19 - actions risquées d'actions
17 actions ordinaires et 20 - partie de la société détenue par le public
18 Valeur nominale - 21 - valeur nominale d'une action
19. bénéfices non répartis - 21- Les gains non versés aux actionnaires
20 Primes d'Capitaux - 21 - Différence entre nouvelle émission d'actions et la valeur nominale
21. valeur à l'échéance - 22 - La valeur d'une dette d'un prêteur reçoit à la fin de l'emprunt
22. paiements d'intérêt -22- paiements effectués pour la dette
23 Date d'échéance - 22 - Le dernier jour, vous pouvez payer la dette principal avec intérêt supplémentaire
24 Appel à disposition - 29 - Le droit d'une société de payer les obligations avant l'échéance
Fonds d'amortissement 25 - 29 - Un ensemble paiement chaque mois à des remboursements obligataires inférieurs
26. Caractéristiques convertibles - 30 - Le droit d'un actionnaire de convertir les obligations en actions
27 * Notations d'obligations - 31 - suppositions quant à la valeur réelle des obligations de l'entreprise. De nombreuses obligations notées AAA ont fait faillite au cours de la dernière crise financière mondiale irréfutable prouvant que toutes les notations des obligations sont simplement formés suppositions. (Voir la leçon sur Bond évaluations)
28. risque Obligations Gratuit - 32 - obligations notées AAA sans risque, tels que AIG, Morgan Stanley-, Merril Lynch et d'autres tout a fait faillite, indiquant il n'y a vraiment aucune une telle chose comme une obligation sans risque. Les analystes financiers suppose que ces obligations sont AAA et sans risque, mais cela ne les rend pas nécessairement ainsi.
29 Déclassement - 33 - L'abaissement de la notation des obligations par une société d'investissement établie comme Standard and Poors (qui fait certes de nombreuses erreurs dans les deux sens de notation; Certaines compagnies d'analyste d'investissement asiatique ont ignoré notes occidentales et des obligations de la société de taux basées sur leurs propres critères.
30 * Derrivatives - 39 - Les actifs financiers qui ont une valeur d'autres actifs tels que les actions et les obligations. Il s'agit en fait les travaux de valorisation d'un élément ne repose pas sur ce qu'il vaut réellement, mais ce qu'il pourrait être utile de l'affacturage en actions et obligations. Le

problème de ce calcul est que les actions et les obligations utilisés pour recalculer la nouvelle peine peuvent être sauvagement surévalués (comme les centaines ofstocks et obligations des entreprises qui ont fait sous lors de la crise financière mondiale). Si thosestocks et les obligations sont des représentations réalistes de ces actifs, l'actif lui-même devient très peu fiables comme un élément calculé et le dérivé de cet actif est simplement une conjecture sauvage, souvent beaucoup trop élevé à la hausse. (Voir la leçon sur Bond évaluations)

31 * Hedge Funds - 40 - Les hedge funds sont des options pour acheter ou vendre un actif à un prix prédéterminé. Il est similaire à une option de vente et le processus d'appel dans le marché boursier. En termes simples, vous mettre dans un ordre d'achat si une action atteint 30 $ par action. Si les actions tombent à 20 dollars par action que vous effectuez un appel de vendre vos actions. Hedge Funds, au lieu d'acheter un stock de 30 $ avec un PUT, vous le vendez (après que vous l'avez acheté à 20 $ par action), mais vous conservez toujours le droit de le vendre si elle redescend à 20 $. (Voir la leçon sur Bond évaluations)

32. risque et rendement - 43 - Voir tableau à la page 43 La plus le risque d'un titre, plus le rendement (ou la perte).

ICA 2 - HW 2
1. Discuter les avantages et les inconvénients de la dette et des actions privilégiées du point de vue de l'émetteur.
2 Discuter des avantages et des inconvénients de la dette et des actions privilégiées du point de vue de l'investisseur.
3 Comment sont des titres convertibles utilisé pour aider les entreprises à lever des fonds?
4 Quels sont les avantages et les inconvénients du financement des actions ordinaires?

Ressources Internet pour cette leçon:
Général Matériau de référence pour tous les contenus
http://www.askmrmovies.com
Réserves
www.money.msn.com/business-news/news.aspx
Obligations
www.bloomberg.com/news/bonds/
Leçon les plans de Tafero de Jour - Finances - Marchés financiers - Trois
LEÇON 3 - les marchés financiers et le processus de la banque d'investissement
1. Marchés financiers - 82 - Les personnes et les organisations qui rassemblent les emprunteurs et les épargnants
2. Marchés des changes - 82 - Actifs financiers à court terme
3. Marché des capitaux - 82 - actifs financiers à long terme
4. marchés de la dette - 82 - les obligations et autres prêts tels que les prêts hypothécaires
5. Marchés boursiers - 82 - actions et trading
6. marchés primaires - 82 - pays ou états émission d'obligations
7. marchés secondaires - 82 - la négociation de titres émis antérieurement
8. Bourse - 82 - institution qui relève le prix des actions
9. Exigences d'inscription - 82 - normes requises pour une personne ou une société de commerce sur une bourse locale ou régionale

10. investissement des banquiers - 82 - les personnes qui aident à fixer le prix des IPO
11 SEC (Securities and Exchange Commission - 82 - organisme créé pour protéger l'investisseur contre la fraude
12. marchés financiers internationaux - 82 - Part de marché des actions mondiales a augmenté tandis que les investissements sur les marchés américains ont diminué.
13 IPO (Initial Public Offering) - 82 - première entrée sur le marché des actions de petite entreprise.
ICA et HW 3

Écrire un essai sur chacune de ces questions:
1 Comment une aide de marché des capitaux efficace pour réduire les prix des biens et services?
2 Pourquoi une entreprise serait intéressé à obtenir une large distribution de ses actions?
3. Pourquoi pensez-vous que certaines entreprises préfèrent être cotées sur le NYSE à la place de la bourse de leur propre pays?
4. Quels types d'entreprises entrent sur le marché des PAPE (les premières offres publiques)?

Ressources Internet pour cette leçon:
Général Matériau de référence pour tous les contenus
http: //www.askmrmovies..com
Bourses
www.tdd.lt/slnews/Stock_Exchanges/Stock.Exchanges.html
marchés de la dette
www.investorwords.com/1322/debt_market.html

Leçon les plans de Tafero de Jour - Finance - Intermédiaires financiers - Quatre

Leçon 4 - Intermédiaires Financiers
1. Intermédiaires financiers - fonds de transfert en émettant leurs propres titres et acheter les titres des autres - 117. Aussi connu comme le marché secondaire, il a été l'un des secteurs qui ont créé la dernière crise financière mondiale quand certaines compagnies d'assurance telles que l'AGI ont commencé à acheter des milliers de prêts toxiques qui étaient presque garantis par défaut.
2. l'efficacité économique - 117 - faire le plus de transactions pour le plus d'argent en un minimum de temps avec un minimum de travail. Toutefois, les réformes économiques qui sont trop efficaces, ont parfois l'effet négatif de la fraude permettant de l'emporter plus facilement

dans des situations bancaires laxistes.
3. Diversification - 117 - Avoir une gamme d'investissements au lieu d'investir tous les fonds dans la région.
4. banques commerciales - 117 - Principaux prêteurs aux entreprises. Les banques commerciales ont été une grande partie du Global Financial Crisisbecause ils faisaient des prêts basés sur des estimations irréalistes de l'actif des entreprises qui ont surestimé leur valeur nette de près de 100 fois de leur valeur réelle.
5. organismes de crédit - 117 - les principaux prêteurs aux consommateurs. La plupart de ces banques n'ont pas souffert aussi mal que les banques commerciales au cours de la crise financière mondiale. La plupart des prêts personnels ont été encore éventuellement remboursés sauf si la personne a déclaré faillite.
6. institutions Thrift - 117 - les principaux prêteurs pour loger acheteur des hypothèques. Ces institutions bancaires ont été abattus au cours de la récente crise financière mondiale parce qu'ils ont fait des prêts importants sur les maisons qui n'étaient pas vraiment la peine même la moitié de l'argent qui a été prêté. Lorsque les détenteurs de prêts hypothécaires ne pouvaient pas rembourser le prêt, les banques saisies sur les maisons pour obtenir leurs prêts en arrière, mais les maisons étaient maintenant ne vaut que la moitié. Par exemple, si une banque a accordé un prêt hypothécaire $ 200,000 sur une maison le propriétaire a payé $ 20 000 en bas et 1000 $ par mois pour un prêt hypothécaire, ils pourraient ne pas être en mesure de payer l'hypothèque au bout de trois ans. Maintenant, ils ont donné la banque $ 36,000 $ 20,000 plus le versement de paiements totaux de $ 56,000. Mais après la crise financière mondiale, la maison est maintenant seulement une valeur de 100.000 dollars et la banque, même si elle exclut, ne peut obtenir $ 156,000 de retour pour $ 200,000 il prêt moins les frais de vente de nouveau la maison. Ils font partie de ce qui est connu comme les prêts toxiques.
7 Système fédéral de réserve - 117 - Banque centrale des États-Unis qui gère la masse monétaire et la stabilité des banques d'État.
Législation 8. bancaire - 117 - Est-ce que les périodes de restrictions sévères tels que après la Grande Dépression et les périodes de restriction lâche vu; la période allant jusqu'à la crise financière mondiale. Aujourd'hui, la tendance est à renforcer les restrictions semblables à la période après la Grande Dépression.
ICA 4 - HW 4

Écrire un essai sur chacune de ces questions:
1 Pourquoi les intermédiaires financiers utiles?
2 Pourquoi les banques doivent maintenir la confiance du public?
3 Pourquoi la déréglementation des banques dangereux pour les consommateurs?
4. Comment les banques américaines différons des banques dans d'autres pays?

Ressources Internet pour cette leçon:
Général Matériau de référence pour tous les contenus
http://www.askmrmovies.com
Fonctionne sur les banques
www.investopedia.com
La déréglementation des banques

www.ehow.com

Leçon les plans de Tafero de Jour - Finances - Le coût de l'argent (intérêts) - Cinq
Cinquième leçon - Le coût de l'argent (intérêt)
Une représentation de la première durcissement de la réglementation de prêt
1 Dollar retour - 139 - le revenu payé par l'émetteur ou le changement de valeur d'un actif financier sur le marché financier
2. intérêt - 139 - prix de la location de l'argent.
3 Coût des facteurs monétaires (Intérêts) - 139
un. possibilités de production
b. Temps préférences pour la consommation
c. Risque
d. Inflation
Ces quatre variables sont calculées pour créer un taux d'intérêt
4. structure par terme des taux d'intérêt - 139 - la relation entre les rendements sur les titres et les échéances des valeurs mobilières.
5 Courbe de rendement - 139 - un indicateur qui utilise des variables telles que la demande de fonds à court terme et l'inflation.
6 Taux d'intérêt Effect - 139 - Les taux d'intérêt influent sur les prix du marché des actions. Taux d'intérêt plus élevés ralentissent priceincreases de croissance et des actions.
Théorie de préférence 7 de liquidité - 135 - obligations à long terme ont généralement des rendements plus élevés que les obligations à court terme.
8. marché théorie Segmentation - 135 - Chaque prêteur et l'emprunteur a une maturité préféré. Certains clients préfèrent les prêts à court terme et d'autres préfèrent avoir une période de remboursement plus longue.
9. attentes Théorie - 134 - conjecture professionnel sur la courbe de rendement sur la base de taux d'inflation futurs
10. inflation Premium - 129 - un supplément du taux d'intérêt basé sur une estimation professionnelle que l'inflation va éroder l'investissement. Il faut noter qu'il ya rarement un rabais de déflation ou l'abaissement du taux d'intérêt basé sur une estimation professionnelle que la déflation va augmenter la valeur d'un investissement.

ICA et HW 5

Écrivez les questions à développement suivantes:
1. Comment faire des taux d'intérêt influent sur la Bourse?
2. Comment faire des taux d'intérêt affectent le marché immobilier?
3 Pourquoi tous les rendements simplement suppositions professionnelles?
4 A votre avis, ne taux d'intérêt affectent le marché boursier ou ne fait la performance du marché boursier incidence sur les taux d'intérêt. Pourquoi?
Ressources Internet pour cette leçon:
Général Matériau de référence pour tous les contenus
http://www.askmrmovies.com

Taux d'intérêt
www.stockcharts.com/charts/YieldCurve.html
Rendements
www.investopedia.com

Leçon les plans de Tafero de Jour - Finance - Organisations et l'impôt des entreprises
Leçon 6 - Les organisations d'affaires et de l'environnement de l'impôt -6

Le point de vue de propriétaires de petites entreprises de l'IRS

1 individuelle 149 - une entreprise non constituée en société appartenant à oneindividual
Avantages:
un. Facilement formé
b. Peu coûteux
c. Peu de règlements gouvernementaux
d. Imposée comme un individu, pas comme une société
Inconvénients:
un. Responsabilité personnelle illimitée
b. Difficulté capitale obtenir
c. Difficulté à transférer la propriété
d. Limité à la vie de l'individu
2 150 Partenariat - même comme une entreprise individuelle, sauf qu'il a deux ou plusieurs propriétaires
Avantages:
un. Facilement formé
b. Peu coûteux
c. Peu de règlements gouvernementaux
d. Imposée séparément, non pas comme une société
Inconvénients:
un. La responsabilité illimitée pour les propriétaires
b. Durée de vie limitée pour l'entreprise
c. Difficulté de transfert de propriété
d. Difficulté de mobiliser des capitaux importants
3. Société 151 - Une société est une entité juridique créée par un état. Il est séparé et distinct de ses propriétaires et gestionnaires.
Avantages:
un. Une société peut continuer après elle les propriétaires et gestionnaires d'origine meurent, il a donc durée de vie illimitée.
b. Les participations peuvent être divisés en parts d'actions et ces actions peuvent être

transférées.
c. Il est à responsabilité limitée dans les entreprises. Votre responsabilité est strictement limitée à votre investissement.
Inconvénients:
un. Les bénéfices des sociétés sont soumis à une double imposition. Société est imposée puis individualearnings sont imposés.
b. Paperasserie et l'entretien est beaucoup plus difficile que individuelles ou de sociétés.
4. Charte d'entreprise - 151 - comprend le nom de société, les types d'activités, montant du capital social, le nombre d'administrateurs, et les noms et adresses des administrateurs.
5. OPA hostiles - 158 - les entreprises de titres sous-évalués acheté par une autre société.
6. pilule empoisonnée - 158 - méthodes utilisées par les entreprises confrontées à des prises de contrôle hostiles pour éviter une prise de contrôle hostile.
7. Greenmail - 159 - de payer une prime élevée pour les actions acquises par un agent d'achat potentiel
8. intervenants - 160 - employés, clients, fournisseurs et actionnaires.
9 Environnement externe - 161 - Facteurs externes à l'entreprise qui affectent Stock Prix
un. Lois
b. Environnement
c. Réserve fédérale
d. Économies internationales
e. Économie nationale
10 Évaluation externe Facteur (de EFE) - une évaluation mathématique des facteurs externes.
11 L'éthique des affaires - la plupart du temps un code imaginaire de conduite pour les hommes d'affaires. La plupart éthique dans les affaires sont secondaires aux bénéfices.
12. entreprises multinationales
un. Pénétrer de nouveaux marchés
b. Obtenir des matières premières supplémentaires
c. Découvrez les nouvelles technologies
d. Améliorer l'efficacité
e. Éviter les problèmes politiques
Problèmes des multinationales
un. Bureau de change
b. Lois étrangères
c. Les problèmes de langue
d. Les différences culturelles
e. Ingérence du gouvernement
13. gains en capital par rapport aux revenus de 170 ordinaire - résultat courant est en général un salaire. Les plus-values est un profit réalisé sur le capital investi sur la période d'une année d'imposition. Si vous achetez un stock de 20 et il va à 40, vous devez payer un montant X de dollars en impôt pour votre bénéfice net.
14. Impôts sur les sociétés - 172 - Il est beaucoup plus facile d'éviter de payer des impôts dans une société que le revenu fromordinary. Il existe un grand nombre de déductions pour les entreprises qui ne sont pas autorisés pour les particuliers.
ICA et HW 6

Écrire un essai pour ces questions:
1 Comment individuelles, des sociétés et des sociétés diffèrent-ils?
2 Comment taxes diffèrent de salariés aux personnes qui investissent dans des actions?
3 Comment pouvez-vous empêcher parfois une OPA hostile?
4 Comment les entreprises multinationales diffèrent des entreprises nationales?

Ressources Internet pour cette leçon:
Général Matériau de référence pour tous les contenus
http://www.askmrmovies.com
Mulitnationals
www.investopedia.com
Structure fiscale des États-Unis
www.mitpress.mit.edu/catalog/item/default.asp?ttype=2&tid

Leçon les plans de Tafero de Jour - Finance - États financiers - Sept
Leçon 7 - États financiers

1 Compte de résultat - 189 - un document qui montre les bénéfices et les pertes émises, d'une fois par mois à une fois par an, mais le plus souvent chaque trimestre.
2 Le bilan - 190 - un document qui montre la situation financière d'une entreprise à un moment précis dans le temps.
3 Bénéfices non répartis - 193 - un document qui montre une réclamation contre l'actif. Plus ou diminuer les bénéfices non répartis, plus ou abaisser les dividendes versés aux actionnaires.
4 Déclaration des flux de trésorerie - 195 - Ce document analyse uniquement lorsque l'argent vient et où il est allé.
5. Liquid Asset - 199 - un atout qui peut être facilement converti en espèces sans perte significative.

6. liquidité Ratios - 199 - un document qui montre comment une grande partie de l'actif d'une entreprise sont liquides par rapport à ses actifs totaux.
7 Acid Test - 201 = Actif à court terme - Stocks / Passif à court terme
8. Immobilisations Taux de rotation - 203 = Ventes / immobilisations nettes
9 Total de l'actif Ratio chiffre d'affaires - 204 = Ventes / Total de l'actif
10 Levier financier - 204 - Une pratique commerciale malsain de prendre des prêts inutiles afin de réduire le montant versé aux actionnaires sous forme de dividendes. Cela se fait parce dividendes sont imposables et les intérêts sur le prêt n'est pas. Il s'agit d'un court-termsolution classique à un problème à long terme qui se termine souvent dans le chaos.
Ratio de la dette 11 - 205 - Un autre nombre malsaine si elle est trop élevée. Ce document mesure de dette totale / total de l'actif. Faibles ratios sont des entreprises saines et des rapports élevés sont les entreprises qui vivent sur le bord.
12. couverture des intérêts (TIE) rapport 206 = bénéfice avant intérêts et impôts (EBIT) / frais d'intérêt
13. rentabilité Ratios - 207 = la marge bénéficiaire nette (bénéfice par dollar de chiffre d'affaires) = Revenu net / Ventes
14 Retour sur l'actif total - 208 = Bénéfice net / total de l'actif
15 RCO - 208 = Bénéfice net disponible actionnaires / détenteurs d'actions ordinaires des actionnaires
16 Prix / bénéfices (PE) Ratio - 209 - Bénéfice par action = Bénéfice net aux actionnaires / Nombre d'actions actions ordinaires
17 Valeur comptable par action - 209 - Total commune actionnariat / nombre d'actions en circulation
18 Marché / Ratio du livre - 210 - Prix du marché par action / valeur comptable par action.
19 Analyse des tendances - 211 - un outil de mesure de valeur sous forme de graphique qui montre les performances de votre entreprise par rapport au reste de l'industrie (ou la tarte).
ICA et HW 7
Répondez à ces questions à développement:
1 Comment un bilan nous donne une image d'une entreprise?
2 Comment un tableau des flux de trésorerie nous donne une image de la façon dont l'argent est utilisé dans une entreprise?
3 Pourquoi les actifs liquides important pour une entreprise?
4 Pourquoi devriez-vous savoir le ratio d'endettement d'une entreprise avant d'investir dedans?
Ressources Internet pour cette leçon:
Général Matériau de référence pour tous les contenus
http://www.askmrmovies.com
Bilans
www.investopedia.com
Rapports trimestriels
www.investorwords.com/4004/quarterly_report.html

Leçon les plans de Tafero de Jour - Finance - Planification financière et contrôle - Huit
Leçon 8 - Planification financière et contrôle

1. R & D devrait être la partie la plus importante de toute projection financière ou deviner. Une recherche exhaustive doit être effectuée avant le Plan A est mis en oeuvre. Et même en dépit de cette recherche, le plan A échoue à un moment donné et le nouveau Plan B devra faire des ajustements pour les erreurs de calcul de plan A. (pas dans le livre)
2 Toutes les prévisions et les plans ne sont rien de plus que des conjectures professionnels. Personne ne peut voir l'avenir, même pour un jour, bien que certains planificateurs financiers contraires à l'éthique comme pour donner l'impression que leurs chiffres sont à toute épreuve ou presque infaillible. Je voudrais mettre l'accent sur la preuve, et non pas l'imbécile qui les projette comme infaillible. (Pas dans le livre)
3 Seuil de rentabilité - 245 - au point où les ventes de couvrir les frais de fonctionnement.
4 Levier financier - 254 - les augmentations ou diminutions du bénéfice net affecte les plans futurs.
5. budget de trésorerie - 259 - les budgets mensuels destinés à monitorcash flux et des charges.
6 Planification financière 265 - projections (estimations) de chiffre d'affaires, incomesand actifs ainsi que les passifs
7 Contrôle financier - 265 - Méthode de lancer le plan B quand le plan A doit inévitablement modification.
8 Levier d'exploitation - 266 - dans la mesure des coûts fixes dans le fonctionnement d'une entreprise.
9 Degré d'endettement d'exploitation (DOL) - 266 - indique un changement dans la vente aura une incidence sur le résultat d'exploitation
10 Degré d'endettement financier - 266 - montre comment un changement de l'EBIT affectera EPS.
11. total levier - 266 - dans quelle mesure le total des coûts fixes (opérationnelles et financières) existent dans le fonctionnement d'une entreprise.
12 Degré d'endettement total (DTL) - 266 - montre comment augmente ou diminue en vente affectera les EPS.
ICA et HW 8
Écrire un essai pour chacune de ces questions:

1 Expliquer comment les profits ou les pertes seront agrandies pour une entreprise avec un effet de levier opérationnel élevé.
2 Expliquez comment les profits ou les pertes seront agrandies pour une entreprise avec un effet de levier financier élevé.
3. Comment le seuil de rentabilité être affectée par ces quatre variables?
un. Augmentation des prix de vente
b. Réduction des coûts de main-d'œuvre
c. Émission de nouvelles obligations
d. Diminution des coûts d'exploitation fixes
4 Pourquoi les budgets de trésorerie créés?
Ressources Internet pour cette leçon:

Général Matériau de référence pour tous les contenus
http://www.askmrmovies.com
Le levier d'exploitation
www.accountingformanagement.com/operating_leverage.htm
Levier financier
www.investopedia.com

Leçon les plans de Tafero de Jour - Finance - Valorisation - Neuf
Leçon 9 - évaluation Concepts

1 Évaluation de base - 340 - est basée sur la valeur actualisée des flux de trésorerie à laquelle l'actif devrait produire à l'avenir.
2. Bond évaluation - 341 - le prix de marché d'une obligation est déterminée par les flux de trésorerie qu'elle génère.
3 Modèle - 342 - une équation ou d'un ensemble d'équations visant à montrer comment une ou plusieurs variables affectent certaines autres variables. Tous les modèles sont soumis à des contraintes de temps, c'est-à-dire, ils sont des suppositions quant à l'avenir basé sur le nombre de X de variables pour la longueur de X de temps.
4 Rendement intérêt - 347 - également connu comme le rendement actuel, il est de l'intérêt versé sur une obligation
5. gains en capital Rendement - 347 - le pourcentage de gain ou de perte de la valeur d'un investissement. Par exemple, une hypothèque sur une maison achetée pour 100.000 $ après la crise financière mondiale pourrait être encore $ 50 000 si vous avez payé la moitié de l'hypothèque, mais si la maison est maintenant évalué à $ 70,000, vous serait prendre une perte sur les gains en capital sur vos placements si vous avez vendu pour $ 70,000.
6 Remise Bond - 349 - un lien qui vend en dessous de sa valeur nominale lorsque les taux d'intérêt augmentent.
7 Obligation à prime - 349 - un lien qui vend dessus de sa valeur nominale lorsque les taux d'intérêt baissent.
8 Rendement à l'échéance - 349 - le taux de rendement moyen obtenu sur l'obligation si elle est détenu jusqu'à l'échéance.
9 Taux d'intérêt Risque de prix - 353 - au risque de variation des prix des obligations lorsque les taux d'intérêt changent
10. intérêt de réinvestissement Risque de taux - 354 - le risque que le revenu d'une obligation varie quand il nous réinvestir dans quand l'intérêt rateschange.
11 Prix du marché - 358 - prix auquel un stock vend sur le marché boursier.
12 Valeur intrinsèque - 358 - la valeur réelle d'une action sur le marché d'actions fondée sur l'évaluation de son bilan.
Taux de croissance 13 - 358 - l'attendu (estimation) de changement des dividendes par action de stock.

14 taux de rendement requis - 359 - ce qu'un acheteur s'attend à obtenir d'un stock; ceci est une autre proposition.
15 Gains en capital Rendement - 359 - L'augmentation ou la perte d'un stock au cours d'une

année. Il existe différents modèles douteuses qui se branchent dans une valeur pour chacune des variables impliquées, mais les deux variables et le passage du temps sont si incertaines à rendre un de ces modèles économiques pas plus que d'une supposition éclairée. Comme les investissements sont sur différentes périodes de temps, chacun d'entre eux sont des suppositions purement (parce que personne ne peut prévoir l'avenir, même pour une journée).

ICA et HW 9
Si l'action baisse de 50 $ à 5 $, avez-vous
pensent vraiment vos options d'achat d'actions sont utiles?
Écrire un essai pour chacune de ces questions:
1 Comment déterminez-vous la valeur d'un actif?
2 Comment évaluez-vous un stock avant de l'acheter?
3 Comment les valorisations des actifs réels diffèrent des actifs financiers?
4 Pourquoi tous les modèles économiques et les formules qui incluent le temps devine simplement?
Ressources Internet pour cette leçon:
Général Matériau de référence pour tous les contenus
http://www.askmrmovies.com
Certitude de l'échec du plan A (tous les modèles économiques)
http://www.factoidz.com - Tafero certitude de l'échec du plan A
Modèles économiques
www.econmodel.com/classic

Leçon les plans de Tafero de Jour - Finance - Risque Taux de rendement - Dix
Leçon 10 - Risque et taux de rendement
1. risques - 384 - la possibilité d'un résultat autre que celui attendu se produira
2 Probabilité - 385 - chance que l'événement se produise. Ceci est basé sur une supposition éclairée et la plus à l'avenir la conjecture est la plus probable de la proposition aura grossièrement inexact.
3 Taux de rendement prévu - 387 - ce qui est la moyenne pondérée de la base de résultats sur la probabilité. Ces suppositions éclairées sont plus susceptibles d'être inexacts le plus dans l'avenir, ils sont prévus.
4. discrète Probabilité Distribution - 388 - Le nombre de possibleoutcomes est limité ou fini. Cela permet un résultat plus précis qu'une conjecture qui a des possibilités infinies.
5. continue Probabilité Distribution - 388 - le nombre de possibleoutcomes est infini, donc la probabilité d'un résultat précis d'une supposition éclairée est beaucoup moins susceptible d'une distribution de probabilité discrète.
6. écart-type - 389 - une variable statistique qui mesure l'étanchéité ou la variabilité d'un ensemble de résultats. Lorsque la SD est petit, plus le résultat est susceptible, lorsqu'elle est importante, les résultats sont plus incertains.
Aversion du risque 7 - 394 - cherchant à faible risque, en échange de rendements plus faibles
8 Prime de risque - 394 - recevoir des rendements plus élevés pour prendre plus de risques
9 Le risque de portefeuille - 395 - dans l'idéal, un portefeuille doit être adaptée à l'âge et aux besoins de l'investisseur. Les jeunes investisseurs peuvent prendre plus de risques et les investisseurs plus âgés chercher moindre risque.

10 Rendement attendu - 396 - une supposition éclairée sur ce que vous devriez gagner d'un stock.
11 Taux de rendement réalisé - 396 - le nombre réel de votre retour, lesquels sont différents des suppositions éclairées et plus de 50% du temps. Parfois, les chiffres réels diffèrent autant que plus de 90% du temps dans les marchés baissiers.
Risques propres à l'entreprise 12 - 402 - investir dans un seul magasin
Risque de marché 13 - 402 - Facteurs externes qui affectent tous les investissements (crise financière mondiale)

ICA et HW 10

Répondez à ces questions à développement:
1 Comment taux de rendement sont attendus et le taux de rendement exigé sur un stock différent?
2 Combien de foi devrait vous donner des calculs de probabilité à l'évaluation de l'augmentation prévue d'un stock?
3 Comment devrions-nous évaluer les risques?
4 Pourquoi devrions-nous avoir un portefeuille équilibré?

Ressources Internet pour cette leçon:
Général Matériau de référence pour tous les contenus
http://www.askmrmovies.com
Risque
www.investorguide.com/igu-article-823-stock-bases-mesure-a-stock&rsq ...
Portefeuille équilibré
www.beginnersinvest.about.com/od/assetallocation1/.../aa102404.htm

Leçon les plans de Tafero de Jour - Finance - coût du capital - Eleven

Leçon 11 - Le coût du capital

L'argent coûte de l'argent

Consultatif * - La méthode de résolution pour une inconnue dans une formule économique ou statistique contenue dans la finance est la suivante:
E. définir soigneusement et de comprendre chacune des variables dans la formule
F. formules qui comprennent des variables temporelles suppose que toutes les autres variables seront constante, ce qui bien sûr, n'est pas possible.
G. Utilisation d'une lettre ou d'un symbole de chacune des variables
H. Créer un calcul mathématique logique d'obtenir un résultat de la combinaison de variables.

1 435 Kd = le taux d'intérêt sur la dette de l'entreprise a déclaré sur une base avant impôt
2 435 KDT = le coût après impôt composante de la dette, où T est le taux marginal d'imposition de l'entreprise
3 435 Kbps = le coût composant d'actions privilégiées.
4 435 K = le coût des composants des bénéfices non répartis.
5 Structure du capital - 436 - La combinaison ou mélange de différents types de capital utilisé par une entreprise
6. coût après impôt de la dette (KDT) - 437 - Le coût de la nouvelle dette moins la déductibilité de la taxe qui est utilisé pour calculer le coût moyen pondéré du capital. (WACC)
7 Coût des actions privilégiées (KPS) - 438 - le taux de rendement que les investisseurs exigent sur les actions privilégiées de la société.
8 Coût des bénéfices non répartis (Ks) - 439 - Taux de rendement requis par les actionnaires sur les revenus qui sont retenues par la société pour le réinvestissement.
9 flottation - 443 - les dépenses engagées lors de l'émission de nouveaux titres.
10. coût marginal du capital - 446 - le coût de l'obtention d'un nouveau dollar de capital en utilisant une moyenne pondérée
11. coût marginal de l'annexe de la capitale - 446 - Un graphique qui montre le coût moyen pondéré de l'entreprise de chaque nouveau dollar de capital mobilisé.
12 Break Point - 449 - la valeur en dollars de nouveaux capitaux qui peut être soulevée devant une augmentation du coût moyen pondéré de la société de capital se produit.
ICA et HW 11
Répondez à ces questions à développement:
1. Comment un taux d'imposition des sociétés affecter Kdt, Ks et WACC?
2. Comment une société de plus en plus son ratio de distribution de dividende affecter Kdt, Ks et WACC?
3. Comment l'expansion de la société dans une nouvelle zone à risque affecter Kdt, Ks et WACC?
4. Comment une base d'investisseurs plus conservateurs dans une société affecter Kdt, Ks et WACC?
Ressources Internet pour cette leçon:
Général Matériau de référence pour tous les contenus
http://www.askmrmovies.com
KDT
www.financial-dictionary.thefreedictionary.com/Cost+of+Debt
WACC
www.investopedia.com/terms/w/wacc.asp
La leçon de Tafero Plans - Budgétisation des investissements - Finances - Douze
Leçon 12 - la budgétisation des immobilisations

Combien de gâteau allez-vous obtenir?

1. la budgétisation des immobilisations - 474 - Le processus des actifs de expendituresof de planification dont la trésorerie devraient s'étendre au-delà d'un an.
2. Les décisions de remplacement - 475 - décisions sur l'opportunité de l'achat d'immobilisations

(aussi connu comme immobilisations) pour maintenir la production.
3. extension Décisions - 475 - décisions sur l'opportunité de l'acquisition d'immobilisations et les ajouter à des actifs existants.
4. projets indépendants - 475 - projets dont les flux ne sont pas affectés par l'acceptation d'autres projets.
5. projets mutuellement exclusifs - 476 - Un ensemble de projets où l'acceptation d'un projet signifie que les autres projets ne peuvent pas être acceptés.
6. Flux de trésorerie - 477 - trésorerie réelle, par opposition à des bénéfices comptables que l'entreprise paye ou reçoit au cours d'une période spécifique.
7. incrémental des flux de trésorerie - 478 - Le changement de flux de trésorerie net d'une entreprise découlant d'un projet d'investissement.
8. Coulé coûts - dépenses de trésorerie qui a déjà été dépensé et qui ne peut être récupéré - 479.
9 Coût Opportunité - 479 - Le retour sur la meilleure utilisation possible d'un actif.
10. externalités - 479 - La façon dont l'acceptation d'un projet affecte les flux de trésorerie dans une autre partie de la société.
11. initiale de dépense d'investissement - 480 - la trésorerie supplémentaires flowsassociated avec un projet qui aura lieu seulement au début de la vie du projet.
Flux de trésorerie d'exploitation 12 incrémental - 480 - Les variations des flux de trésorerie au jour le jour qui résultent de l'acquisition d'un projet d'immobilisations et continuent jusqu'à ce que l'entreprise dispose de l'actif.
13 Terminal flux de trésorerie - 481 - Le flux de trésorerie net qui se produit à la fin de la vie du projet.
14 Période de récupération - La longueur de temps avant que le coût initial de l'investissement est récupéré à partir des flux de trésorerie attendus.
15 taux de rendement requis - 494 -Le taux d'actualisation (coût des fonds) que le taux d'augmentation de rendement (TRI) doit dépasser pour qu'un projet puisse être considéré comme acceptable.
16. types de risques - (502-503)
un. Tenez risque Alone - seul risque de l'actif d'une entreprise
b. Risques - risque de l'actionnaire
c. Risque Beta - le risque d'un projet qui ne peut pas être éliminé par la diversification
d. Risque Scernario - une analyse imaginaire de différents scénarios de risque
e. Scénario catastrophe risque - une analyse des valeurs de prévision pires *
f. Meilleur risque de Case Scenario - une analyse des meilleures valeurs de prévision
g. Scénario de base des risques - une analyse qui est mesurée par rapport à une valeur constante de prévision
h. Risque de change - 507 - l'incertitude associée avec le prix d'une monnaie par rapport au prix d'une autre monnaie
i. Risques politiques - 508 - le risque associé à la stabilité politique du pays dans lequel le projet est en cours d'exécution.

ICA et HW 12

Répondez à ces questions à développement:
1. coûts irrécupérables Pourquoi devraient être éliminés d'une analyse de la budgétisation du capital?
2. Comment fonds de roulement net récupéré à la fin de la vie d'un projet?
3 Comment les types de risques différents?
4. Comment les entreprises à évaluer les risques?
Ressources Internet pour cette leçon:
Général Matériau de référence pour tous les contenus
http://www.askmrmovies.com
Risque
www.investopedia.com
Analyse du projet
www.intaver.com/index-whitepapers.html

Leçon les plans de Tafero de Jour - Finance - Structure du capital - Treize
Leçon 13 - Structure du capital et dividendes décisions politiques
Réinvestissement des dividendes est une richesse constructeur efficace
1 Structure du capital - 526 - La combinaison de la dette et de l'équité usedto financer une entreprise.
2. Capital cible Structure - 527 - Le mélange de la dette préféré Stockand actions ordinaires avec laquelle la société prévoit de financer ses investissements.
3. risques de l'entreprise - 528 - Le risque lié aux prévisions de rendement futur de l'entreprise sur les actifs (des suppositions éclairées, souvent à tort) si l'entreprise n'utilise pas de dette.
4. variables de risques de l'entreprise - 529
un. Les ventes de la variabilité - (volume et prix) - la les ventes unitaires plus stable (volume) et les prix d'un produit d'une entreprise, plus son risque
b. Entrée variabilité des prix - le travail, les variations de coûts des produits sont à faible risque quand stable et à haut risque quand instable
c. Possibilité de régler la sortie prix des changements dans les prix des intrants - le plus rapide, vous pouvez augmenter ou diminuer vos prix par rapport à leurs coûts de production, moins de risque que vous encourez
d. Fonctionnement des risques de levier - immobilisations ne changent pas aussi rapidement que les changements de produits, il n'y a donc plus de risque attaché à eux en raison de leur

manque de liquidité.
5. risques financiers - 530 - La partie des actionnaires de risque au-delà du risque d'entreprise de base.
6 Levier financier - 530 - la mesure dans laquelle les titres à revenu fixe (dette et actions privilégiées) sont utilisés dans la structure du capital d'une entreprise.
7. couverture des intérêts (TIE) ration - 541 - un ratio qui mesure la capacité d'une entreprise à répondre à ses obligations aux d'intérêt annuels.
8. information symétrique - 544 - La situation dans laquelle les investisseurs et les gestionnaires disposent d'une information identique.
9 Information asymétrique - 544- La situation dans laquelle les investisseurs n'ont pas la même information que les gestionnaires ont (non recommandé).
10 Signal - 545 - Une mesure prise par la direction qui fournit des indices aux investisseurs sur la façon dont la gestion considère les perspectives de l'entreprise (si ils achètent ou vendent leurs options d'achat d'actions)
11 Réserve capacité d'emprunt - 545 - La capacité à emprunter de l'argent à un coût raisonnable lorsque des opportunités d'investissement se présentent.
12. Dividendes - 547 - Distributions faites aux actionnaires sur la rémunération de l'entreprise.
13. optimale Politique de dividendes - 548 - La politique de dividende qui établit un équilibre entre currentdividends et la croissance future tout en maximisant le cours des actions de l'entreprise.
14 Informations sur le contenu (signalisation) Hypothèse - 549 - La théorie que les investisseurs considèrent les changements de dividendes que les signaux de gains de gestion prévus (suppositions).
15 Clientèle Effect - 549 - La tendance de la société à attirer le type d'investisseur qui aime sa politique de dividende.
16 Free Cash Flow Hypothèse - 549 - Les entreprises qui versent des dividendes à partir des flux de trésorerie qui en conserve réinvesties d'une autre manière.
17 résiduelle de la politique de dividendes - 550 - Les dividendes sont distribués après toutes les autres dépenses sont satisfaits.
18. stables, prévisibles dividendes (pas vraiment prévisibles) - 551 - Versement d'un dividende de montant précis par action par année avec les augmentations ou les diminutions périodiques.
19 Dividende supplémentaire - 552- Un dividende supplémentaire versé aux actionnaires lorsque la société fait bien.
20 Déclaration Date - 553 - La date à laquelle le conseil d'administration de la société publie un communiqué déclarant un dividende.
21 Titulaire d'enregistrement Date - 553 - La date à laquelle la société ouvre les livres de propriété pour déterminer qui recevra le dividende.
22. date ex-dividende - 553 - La date à laquelle le droit à la prochaine dividende n'accompagne plus un stock.
23 Date de Paiement - 553 - La date à laquelle une société envoie par la poste en fait les chèques de dividendes.
24 Régime de réinvestissement des dividendes - 553 - Un plan qui permet à un actionnaire de réinvestir automatiquement les dividendes reçus de nouveau dans le stock.
25 Fractionnement d'actions - 556 - Une mesure prise par l'entreprise d'augmenter le nombre

d'actions en circulation. Cela signifie qu'un $ 50 actions devient $ 25, mais vous avez maintenant deux actions à $ 25.
26. dividende en actions - 556- Un dividende versé sous la forme d'actions supplémentaires. ICA et HW 13

Répondez à ces questions à développement:
1 Comment les entreprises avec des ventes relativement stables peuvent transporter des ratios relativement élevés dette / actifs?
2 Comment une augmentation du taux d'imposition du revenu des particuliers affecter les dividendes?
3 Comment une hausse des taux d'intérêt affectera les dividendes?
4. Comment une baisse des possibilités d'investissement des entreprises affecter les dividendes?

Ressources Internet pour cette leçon:
Général Matériau de référence pour tous les contenus
http://www.askmrmovies.com
Dividendes
www.investopedia.com
Fractionnement d'actions
www.sec.gov/answers/stocksplit.htm

Leçon les plans de Tafero de Jour - Finances - Fonds de Roulement - Quatorze
Leçon 14 - Working Capital Management

1. Working Capital Management - 574 - La gestion de l'actif à court terme (investissements) et les passifs (sources de financement).
2. de roulement - 574 - l'investissement d'une entreprise de l'actif à court terme (trésorerie, les stocks, inventaire)
3 fonds de roulement net - 574 - Actifs circulants moins CurrentLiabilities
4. travail sur la politique de la capitale - 574 - Les décisions concernant les niveaux de chaque actif cibles
5. trésorerie Conversion Cycle - 577 - La durée du paiement pour l'achat de matières premières pour la fabrication jusqu'à thecollection des comptes.
6. décontractée Asset actuelle politique d'investissement ***** - 580 - la politique qui permet de grandes quantités de liquidités et de titres à être menées sur les livres; cette politique a donné lieu à de nombreux abus au cours de la crise financière mondiale.
7. restreint actuel Asset politique d'investissement - 580 - c'est la politique actuelle en vigueur dans presque toutes les entreprises internationales à l'heure. Holdings de créances sont réduites au minimum et un endettement excessif ne sont pas effectués.
8. modérée actuel Asset politique d'investissement - 580 - Il s'agit de la première étape au-delà de la politique d'investissement actuelle restreint d'actifs et aura lieu une fois que les séquelles

de la crise financière mondiale ont été corrigées.
9. Actif à court terme permanent - 581 - les soldes qui ne changent pas en raison des conditions saisonnières ou économiques Actifs courants de.
10. temporaires Actif à court terme - 581 - Actif à court terme qui fluctuent avec les conditions saisonnières ou économiques. (C'est de loin le type le plus commun de l'actif)
11. crédit à court terme - 584 - Toute responsabilité initialement prévue pour le remboursement dans l'année.
12. régularisation - 584 - Passifs continuellement récurrents à court terme tels que les salaires et les impôts.
13. -crédit - 584 - Le crédit créé lorsqu'une société achète à crédit d'une autre société.
14 billet à ordre - 585 - Un document précisant les modalités et conditions d'un prêt.
15 Ligne de crédit - 585 - Un arrangement dans lequel la banque accepte de prêter jusqu'à un montant maximum spécifié de fonds pendant une période déterminée.
16 Papier commercial - 586 - non garantis, des billets à ordre à court terme émis par les grandes entreprises, financièrement solides pour lever des fonds.
17. prêt garanti - 586 - Un prêt garanti par des sûretés réelles.
18 affacturage - 586 - La vente pure et simple des comptes débiteurs. ***** Ces actifs se sont parfois toxiques ou ont exagéré valeurs et sont maintenant beaucoup plus étroitement surveillées par les gouvernements nationaux.
19 recours - 586 - Une situation dans laquelle le prêteur peut demander le paiement de la société emprunteuse lorsque les débiteurs utilisés pour garantir le prêt sont irrécouvrables ****** (cela s'est produit dans le secteur de l'immobilier avec les banques détenant des prêts hypothécaires irrécouvrables; un trop grand nombre de ces types de prêts ont également contribué à la crise financière mondiale)
20 Remise intérêt Prêts - 589 - un prêt dont les intérêts sont payés en premier, comme une hypothèque. Seule une petite partie du capital est remboursé tout l'intérêt est toujours payé.

ICA et HW 14
Gestion de la trésorerie
Répondez aux questions de développement suivantes:
1 Comment calculer ne le coût du crédit à court terme?
2 Discutez des avantages et des inconvénients de Financement Court Terme
3 Comment les actifs courants devraient être financés?
4. Discuter du cycle de conversion de trésorerie.

Ressources Internet pour cette leçon:
Général Matériau de référence pour tous les contenus
http://www.askmrmovies.com
Gestion de la trésorerie
www.inc.com
Financement à court terme
www.britannica.com/EBchecked/topic/.../short terme-financement

Leçon les plans de Tafero de Jour - Finance - Trésorerie Général - Quinze
Leçon 15 - gestion de la trésorerie et titres négociables

1 Solde de transaction - 590 - Un équilibre nécessaire pour les opérations au jour le jour la trésorerie.
2 Solde de précaution - 590 - Un solde de trésorerie en réserve pour fluctuations imprévues des flux de trésorerie.
3 Solde spéculatif - 590 - Un bilan de la trésorerie détenue pour permettre à l'entreprise de tirer parti de toutes les achats d'opportunité qui pourraient survenir.
Flux de trésorerie 4 synchronisée - 591- Une situation dans laquelle les entrées de trésorerie coïncident avec les sorties de trésorerie créant encaisses de transaction faibles.
5. Float - 591 - pas de cola et de la crème glacée à la vanille, mais la différence entre le solde figurant dans le carnet de chèques de l'entreprise et le solde sur les relevés bancaires.
6. décaissement Float - 591 - La valeur des chèques qui ont été écrites et versées, mais ne l'ont pas encore apurés.
7. collections Float - 591 - Le montant des chèques qui ont été reçus et déposés, mais ne sont pas encore portés au crédit du compte.
8. Float net - 591 - La différence entre le flotteur de flotteur de décaissement.
9. Titres négociables - 593 - Les titres qui peuvent être vendus à court préavis, sans perte du capital ou de l'investissement initial.
10. Politique de crédit - 594 - Un ensemble de décisions qui comprend les normes de crédit d'une entreprise, les conditions de crédit, les méthodes utilisées pour recueillir les comptes de crédit et des procédures de surveillance du crédit.
11. normes de crédit - 594 - Normes qui indiquent la solidité financière minimum un client doit être octroyé un crédit ***** (la plupart de ces normes a échoué lors de la récente crise financière mondiale).
12. Conditions de crédit - 595 - Les conditions de paiement offerts aux clients de crédit.
13 Days Sales Outstanding - 595 - La durée moyenne de temps nécessaire à la collecte des comptes débiteurs.
14. vieillissement annexe - 595 - Un rapport montrant comment les comptes débiteurs à long ont été remarquables.
15. Matières premières - 600 - Les stocks achetés à des fournisseurs.

16. travail-In-Process - 600 - Inventaire en divers stades d'achèvement.
17. produits finis - 600 - Inventaire terminé et prêt pour la vente.
18. coûts de transport - 600 - Le coût de stockage de votre inventaire ne sont pas vendus.
19 Commande Quantité économique (QEC) - 601 - La quantité optimale qui doit être commandée afin de minimiser les coûts d'inventaire.
20 Point de commande - 605 - Le niveau des stocks au cours de laquelle un ordre doit être placé.
21. banque d'investissement - 605 - Une organisation qui souscrit et distribue des nouvelles émissions de titres.
22.-Rouge-Line Method - 605 - Une mesure de contrôle des stocks qui indique quand vous devez acheter plus de stocks.
23 Just-In-Time System - 605 - Une méthode économique, mais hasardeux de tenir l'inventaire zéro.
24 Outsourcing - 605 - La pratique de l'achat de composants d'un produit plutôt que de les faire en interne.

ICA et l'autoroute 15
Prêts sera plus difficile à obtenir après la crise financière mondiale
Répondez à ces questions à développement:
1 Décrire le cycle de conversion de trésorerie.
2 Décrire les trois catégories de stocks.
3. discuter des horaires de vieillissement.
4 Comment peut détenir des espèces soit un avantage?

Ressources Internet pour cette leçon:
Général Matériau de référence pour tous les contenus
http://www.askmrmovies.com
Crédit
www.ftc.gov/bcp/menus/consumer/credit.shtm
Contrôle des stocks
www.businesslink.gov.uk/bdotg/action/layer?topicId

Leçon les plans de Tafero de Jour - Finance - Concepts d'investissement - Seize
Leçon 16 - Concepts de placement

L'investissement est un jeu avec des gagnants et des perdants
1. investisseurs - 624 - particuliers qui achètent des investissements avec des économies en prévision d'une croissance stable.
2. spéculateurs - 624 - Les personnes qui prennent de grands risques en échange de la possibilité de rendements importants. Similaire au jeu.
3. titres à revenu - 625 - Les investissements, tels que les actions privilégiées et les obligations de sociétés, qui offrent des paiements de dividendes ou d'intérêts stables
4. Transaction Cost - 627 - Les coûts liés à des titres de négociation généralement sous forme de commission.
5. portefeuille de placements - 627 - une combinaison d'éléments d'investissement visant à réduire les risques pour le client.
6 Allocation d'actifs - 627 - La proportion des fonds investis dans différentes catégories d'actifs.
7. Courtier - 629 - Un intermédiaire ou un agent qui aide les investisseurs de négocier des instruments financiers tels que les actions, obligations et produits dérivés (maintenant beaucoup plus fortement réglementé après la crise financière mondiale)
8. firme de courtage - 629 - un groupe de vendeurs qui font des suppositions éclairées sur les investissements.
9 Ordre de marché - 630 - Un ordre d'exécuter une transaction au meilleur prix disponible.
10 Ordre Stop - 631 - Un ordre qui spécifie le prix auquel un ordre de marché est lancée.
11 Limit Order - 631 - Un ordre d'acheter ou de vendre un stock à pas pire que un prix déterminé.
12 Journée ordre (DO) - 631 - Une instruction à annuler une commande si les conditions de prix ne sont pas remplies d'ici la fin de l'activité d'un jour.
13 Bon Til Cancelled (GTC) - 631 - Une instruction de garder un ordre actif jusqu'à ce que les limites de prix sont remplies ou jusqu'à ce que l'investisseur annule.
14 Fill or Kill Order - 631 - Une instruction d'annuler une commande si elle n'est pas exécutée immédiatement (le terme est immédiatement relative, mais signifie généralement en quelques minutes).
15 Nom de la rue - 631 - Une situation dans laquelle est enregistrée par la firme de courtage à la place de l'investisseur individuel. Cela peut être un risque supplémentaire pour l'investisseur.
16 Symbole boursier - 635 - Les initiales de négociation d'une entreprise utilisés pour les transactions.
ICA et HW 16
La Bourse de New York est la plus célèbre institution financière dans le monde
Répondez aux questions de développement suivantes:
1 Comment est d'investir dans des titres semblables aux jeux de hasard?
2 Comment un portefeuille équilibré aide à réduire les risques à un investisseur?
3 Comment sont des sociétés de courtage contraires à l'éthique dans leurs recommandations?
4 Comment le calendrier d'un ordre de même dix minutes marché peut avoir des répercussions positives ou négatives à un investisseur?

Ressources Internet pour cette leçon:
Général Matériau de référence pour tous les contenus
http://www.askmrmovies.com
Bourse de New York
www.nyse.com/
Les entreprises de courtage
www.savings-secrets.com/
Leçon les plans de Tafero de la journée - Finance - Informatique - Rendement des placements Seventeen
Leçon 17 - Calcul Retour sur investissement

Investissement ne signifie pas nécessairement une augmentation de vos déclarations

1 Dollar retour - 639- = revenu reçu + (valeur finale d'un investissement - Prend la valeur d'un investissement) ou INC + (P1 - P0).
2 Tenir Période de retour (HPR) - 640 - Le rendement obtenu au cours de la période pendant laquelle un placement est détenu.
3 Rendement des actions - 640 - La partie du rendement total associé aux dividendes payés par la société.
4 Gain en capital ou la perte - 640 - Un changement dans la valeur de marché d'un titre.
5. arithmétique simple Rendement moyen - 641 - Une technique forcomputing le rendement moyen d'un investissement qui résume chaque retour et divise le nombre de retours; ne comprend pas cumulatif.
Capitalisation 6 du marché - 648 - La valeur totale du marché des actions de la société qui est calculée en multipliant le nombre d'actions en circulation par le prix du marché par action.
7. marchés haussiers et baissiers - 650 - Bull est un marché en hausse, tandis que l'ours est un marché en baisse.
8. Buy and Hold Stratégie - 651 - Lorsque les investisseurs achètent des titres avec l'intention de les conserver pendant un certain nombre d'années.
9 MARGE - 651 - Incroyablement, bien que grandement modifié après la Grande Dépression de 1929, était encore un facteur majeur dans la crise financière mondiale. D'autres modifications ont été faites pour réduire l'impact de cette pratique. C'est la pratique de l'emprunt auprès d'un courtier une partie des fonds nécessaires à l'achat d'un investissement.
10 Contrat de nantissement - 651 - Un contrat qui attribue des titres comme garantie pour un prêt sur marge.
11 Margin Call - 653 - Un appel auprès du courtier pour ajouter plus de fonds à un compte sur marge.
12 Entretien Marge - 653 - Le plus faible marge réelle que le courtier sera de permettre aux investisseurs d'avoir majoré de la marge à tout moment.
13 Courtier taux de prêt - 652 - Le taux pratiqués par les courtiers d'emprunter des fonds pour les opérations sur marge.
14 Trier vente - 654 - Une situation dans laquelle un investisseur emprunte le stock d'un autre investisseur, puis le vend, mais promet de remplacer le stock à une date ultérieure. (Ceci est une autre pratique risquée).

15. Downticks et upticks - 655 - La diminution ou l'augmentation d'un prix de l'action d'un métier à un autre. Un petit crochet de toute façon peut faire la différence de milliers de dollars dans un grand ordre.

16 Zéro-Plus tique - 655 - Une situation dans laquelle le prix de la dernière commerce est égal au prix de la transaction précédente, mais supérieur au prix d'un métier à l'autre. (Ce qui est une hypothèse à la remontée)

17 court-circuit contre la boîte - 655 - Quand un court investisseur vend un stock qui il ou elle est également propriétaire. C'est une forme de parier contre vous-même.

ICA et HW 17
Investir est un jeu de hasard mieux laisser aux professionnels
Répondez aux questions de développement suivantes:
1 Pourquoi les performances passées d'un stock aucune garantie que cela va continuer à augmenter?
2 Pourquoi la capitalisation boursière une des variables les plus importantes pour vous d'envisager beforeinvesting dans un stock?
3 Comment achats sur marge peut être une pratique dangereuse?
4 Pourquoi le buy and hold stratégie pas une méthode infaillible de l'investissement?

Ressources Internet pour cette leçon:
Général Matériau de référence pour tous les contenus
http://www.askmrmovies.com
Capitalisation boursière
www.investorwords.com/2969/market_capitalization.html
Marge d'achat
www.investopedia.com

Leçon 18 - Sécurité d'évaluation et de sélection
Un étudiant de l'Université Columbia a effectivement fait une expérience avec un singe jetant cinq fléchettes sur des stocks qui a dépassé de plus de 70% de toutes les pièces de la maison de courtage pour l'année 2001.

(Source: Business Week)

1 Analyse fondamentale - 669 - La pratique de la réalité en regardant les états financiers publiés d'une entreprise avant d'investir.
2 Analyse Technique - 669 - La pratique des paris sur les stocks vaguement basé sur diverses théories douteuses de l'offre et de la demande.
3. cycle économique - 670 - l'évolution de l'activité économique globale, telle que mesurée par le produit intérieur brut.
4 Produit intérieur brut - 670 - Une mesure de tous les biens et services produits dans l'économie au cours d'une période de temps spécifique.
5. récession - 671- deux trimestres consécutifs de contraction de l'économie ou le déclin dans le PIB
6. indicateurs économiques avancés - 672 - mesures économiques qui ont tendance à se déplacer avant les mouvements dans le cycle économique.
7. indicateurs économiques retardés - 672 - mesures économiques qui ont tendance à se déplacer après les mouvements dans le cycle économique.
8. politique monétaire - 675 - Les moyens par lesquels un pays influence les conditions économiques par la gestion de sa masse monétaire.
9 Politique budgétaire - 675 - Les dépenses du gouvernement qui est principalement soutenue par la capacité du gouvernement d'imposer les particuliers et les entreprises.
10 Déficit dépenses - 675 - Dépenses qui se produit lorsque le gouvernement dépense plus d'argent qu'il perçoit en taxes.
11 Industrie du cycle de vie - 677 - Les différentes phases d'une industrie à l'égard de sa croissance des ventes et des variables de la concurrence.
Ratio 12 PE - 684 - Une ration calculée en divisant le prix actuel du marché par action, P_0, par le bénéfice par action EPS_0.
13 Bar Chart - 688 - Un graphique qui indique les mouvements haut, bas, et la fermeture de prix pour un stock pendant une période déterminée.
14 Trendline - 688 - Une ligne qui indique la direction du mouvement du cours des actions. Plus la période de temps nécessaire pour la direction de la ligne, les meilleures sont vos chances que le stock continuera dans cette direction.
15 Dow Theory - 689 - Théorie utilisé pour prédire les mouvements de prix de base sur les moyennes industrielles et des transports Dow Jones (cette théorie a été prouvée pour être très peu fiables).
Moyenne mobile 16 - 689 - moyenne des cours des actions pendant une période de temps déterminée. Absolument aucun indicateur ou indicateur de prix, même pour une seule journée.
17. valeurs de croissance - 692 - Les actions de sociétés qui ont ventes et de revenus de nombreux chiffres positifs qui surpassent la moyenne du secteur.
18. Valeur Actions - 693 - Les actions de sociétés qui sont sous-évalués; en particulier ceux qui sont sous-évaluées en utilisant les calculs de capitalisation boursière.

ICA et HW 18

Trouver Stocks très rentable dans le post-GFC mondiale
Répondez aux questions de développement suivantes:

1 Pourquoi investir dans un marché baissier beaucoup plus difficile que d'investir dans un marché haussier?
2 Pourquoi les analystes fondamentaux sûr à utiliser que les analystes techniques pour investir?
3 Pourquoi la capitalisation boursière est toujours l'un des facteurs les plus importants pour investir?
4 Pourquoi les théories techniques toujours utile pour certains placements?

Ressources Internet pour cette leçon:
Général Matériau de référence pour tous les contenus
http://www.askmrmovies.com
Investissement fondamental
www.investopedia.com/university/fundamentalanalysis/
Investissement technique
www.investmentweek.co.uk/tag/technical

La deuxième partie du cours intermédiaire affaires - Bernanke Macroéconomie
Arthur H Tafero

Leçon les plans de Tafero de Jour - Bernanke Macroéconomie - Penser comme un économiste - Un
Leçon 1 Penser comme un économiste
1 La rareté Principe 3 - si quelqu'un a plus, quelqu'un d'autre a moins
2 Le coût-bénéfice Principe 3 - avantage unlessthe aucune action ne doit être prise au moins égal au coût

La deuxième partie du cours intermédiaire affaires - Bernanke Macroéconomie
Arthur H Tafero

Leçon les plans de Tafero de Jour - Bernanke Macroéconomie - Penser comme un économiste - Un
Leçon 1 Penser comme un économiste
1 La rareté Principe 3 - si quelqu'un a plus, quelqu'un d'autre a moins
2 Le coût-bénéfice Principe 3 - avantage unlessthe aucune action ne doit être prise au moins égal au coût
3. encouragement Principe 3 - Prédiction du comportement est principalement basée sur la connaissance des incitations
4. évaluation du coût 3 - devrait être en montants absolus en dollars et non pas dans des proportions
5. Economie - 4 - l'étude de la façon dont les gens font des choix dans des conditions de pénurie et les résultats de ces choix sur la société
6. surplus économique - 6 - L'avantage de prendre une action moins son coût
7 Le coût d'opportunité - 7 - La valeur qui peut être obtenu en prenant une action moins son coût
8 Coût Coulé - 11 - Un coût qui est au-delà de la récupération quand une décision doit être prise
9 Coût marginal -12 - le coût de la réalisation d'une activité supplémentaire qui est ajoutée au coût total
10. bénéfice marginal - 12 - l'augmentation des prestations totales qui résultent de la réalisation d'une activité supplémentaire
11 Coût moyen - 12 - le coût total de l'engagement de X unités d'une activité divisé par X
12 Prestation moyenne - 12 - le bénéfice total de l'entreprise X unités OFAN activité divisé par X
13 normative économique Principe 15 - comment les gens devraient se comporter statistiquement
14. positive principe économique 15 - celui qui prédit comment les gens se comporteront
15. microéconomie - 15 - l'étude du choix individuel dans la rareté et le comportement des prix et des quantités sur les marchés individuels
16. Macroéconomie - 15 - l'étude de la performance des économies nationales et des politiques gouvernementales qui tentent d'améliorer les performances

ICA et HW 1
Répondez aux questions de développement suivantes:
1 Pourquoi devrions-nous évaluer le coût ou le bénéfice en dollars absolus au lieu d'une

représentation proportionnelle?
2 Pourquoi devrions-nous être toujours au courant des coûts implicites?
3 Décrivez analyse coûts-avantages.
4. Discuter de la rareté Principe.

Ressources Internet pour cette leçon
Référence générale
http://www.askmrmovies.com
Analyse coûts-avantages
La rareté Principe

Leçon les plans de Tafero de Jour - Bernanke Macroéconomie - dépenses, le revenu et le PIB - Deux
Leçon 2 - Les dépenses, le revenu et le PIB
Produit intérieur brut 1 38 - (PIB) - la valeur de marché des biens et services finaux fournis dans un pays pendant une période donnée.
2. marchandises finales ou services - 41 - biens ou services consommés par l'utilisateur final
3. biens intermédiaires ou services - 41 - biens ou services utilisés dans la production de biens et services finaux.
4. Capital Bonne - 42 - un bon à long terme qui est utilisé dans la production d'autres biens et services. Les marchandises peuvent être objets physiques réels ou ils peuvent être des services fournis par les fournisseurs qui ne nécessitent pas et les éléments physiques.
5. valeur ajoutée - la valeur de marché de son produit ou service, moins le coût des intrants achetés auprès d'autres entreprises - 43. Un bon exemple ofvalue stratégie ajoutée qui travaille dans le marché moderne est celui de Wal-Mart, qui offre une qualité modérée à bas prix, offrant ainsi la valeur ajoutée des consommateurs.
6 Consommation - 46 - dépenses des ménages en biens et services tels que la nourriture, les vêtements et le divertissement
7. investissement - 46 - les dépenses par les entreprises sur les biens et services dans le secteur des biens d'équipement.
8. achats gouvernementaux - les achats effectués par les gouvernements fédéral, provinciaux et locaux de biens et services finaux.
9. exportations nettes -47 48 - exportations moins les importations
10. PIB = consommation + investissement + gouvernement + Achats exportations nettes ou $Y = C + I + G + NX$
11 Le PIB réel - 51 - une mesure du PIB dans lequel les quantités produites sont évalués au prix d'une année de base plutôt qu'à prix courants
12 Le PIB nominal - 51 - une mesure du PIB dans lequel les quantités produites sont évalués aux prix de l'année courante.

ICA et HW 2
Répondez à ces questions à développement
1. Discuter de la différence entre le PIB nominal et réel.

2 Comment calculer la formule pour le PIB?
3 Discutez des différences entre les biens et services finals et de biens intermédiaires et de services.
4 Quelles seraient certains types d'achats gouvernementaux?

Ressources Internet pour cette leçon
Référence générale
http://www.askmrmovies.com
PIB

Marchandises définitive contre les biens intermédiaires

Leçon les plans de Tafero de Jour - Bernanke Macroéconomie - L'inflation et le niveau des prix - Trois
Leçon 3 - L'inflation et les niveaux de prix
1 Indice des prix à la consommation (IPC) - 66 - mesure le coût d'un panier standard de marchandises pour une période déterminée au-delà du coût des mêmes éléments de la période spécifiée précédente immédiate
2 Indice des prix à - 68 - un prix moyen d'une classe donnée de biens ou de services
3. taux d'inflation - 68 - le taux annuel de changement dans les niveaux de prix des biens et services
4. déflation - 69 - un phénomène rarement vu des niveaux de prix à la baisse.
5. Quantité nominale - 70 - une quantité qui est mesurée en termes de valeur actuelle du dollar. Ex: le bénéfice de l'emploi sont 30K en 2011, puis en 2012 31K
6. réel Quantité - 70 - une quantité qui est mesurée en termes physiques liés à l'IPC. Ex: si l'IPC a augmenté de 10% en 2012, alors vos gains réels pour l'année 2012 étaient seulement 28K
7. Delating - 70 - le processus de division d'une quantité nominale par l'indice de aprice tels que l'IPC pour exprimer la quantité en termes réels.
8. salaire réel - 71 - les salaires versés aux travailleurs mesurées au pouvoir ou termes réels d'achat.
9 indexation - 72 - la pratique de plus en plus une quantité nominale de chaque période d'un montant égal à l'augmentation en pourcentage de l'IPC.
10 Niveau de prix - 76 - une mesure du niveau global des prix à un moment donné dans le temps, tel que mesuré par l'indice des prix tels que l'IPC
11 Prix relatif - 76 - Le prix d'un bien ou d'un service spécifique par rapport aux prix des autres biens et services.
12 hyperinflation - 82 - Une situation dans laquelle le taux d'inflation est très élevé.
13. taux d'intérêt réels - 84 - le pourcentage d'augmentation annuelle du pouvoir d'achat d'un

actif financier. Ex maison d'une valeur de 100.000 en 2011 et 102.000 maintenant après inflation factorisé

14 Taux d'intérêt nominal -84 - l'augmentation annuelle en pourcentage du montant nominal d'augmentation de la valeur nominale d'un actif financier maison Ex valeur de 100.000 en 2011 vaut maintenant 105 000 sur le marché, mais ne vaut 102.000 en dollars réels.

15. protégés contre l'inflation Obligations - 86 - obligations qui paient un taux d'intérêt nominal chaque année égale à une puissance nominale plus le taux réel fixe de l'inflation cette année.

16 Effet Fisher - 87 - l'intérêt est élevé lorsque l'inflation est élevée et faible lorsque l'inflation est faible.

ICA et HW 3
Répondez aux questions de développement suivantes:
1 Discutez de la comparaison des taux d'intérêt nominaux et réels
2 Discuter de la relation des niveaux de prix de prix relatif
3 Discuter de la comparaison des salaires nominaux sur les salaires réels.
4. Discuter de la relation de l'indice des prix à l'inflation

Ressources Internet pour cette leçon
Référence générale
http://www.askmrmovies.com
Salaires nominaux et réels
Indice des prix à la consommation

Leçon les plans de Tafero de Jour - Bernanke Macroéconomie - salaires et le chômage - Quatre
Leçon 4 - salaires et le chômage
1. tendance des salaires réels - 94
un. Au 20ème siècle, tous les pays industrialisés ont apprécié une augmentation des salaires réels
b. Depuis les années 1970, les augmentations salariales réelles ont ralenti
c. Les 20 dernières années ont entraîné une augmentation prononcée de l'inégalité salariale aux États-Unis et de nombreux autres pays industrialisés.
2. Tendances de chômage - 95
un. Dans les autres pays industrialisés États-Unis et de nombreux du nominalnumber de personnes ayant un emploi a augmenté considérablement au cours des 20 dernières années.
b. Dans le même temps, les pays d'Europe occidentale ont eu des taux de chômage élevés pour la même période de temps (ce qui est relié aux pensions antérieures et les systèmes de retraite de ces pays)
3. rendements décroissants du travail - 96 - si le montant du capital et d'autres intrants sont constantes, alors la plus grande est la quantité de travail déjà employé, le travailleur moins supplémentaire ajoute à la production

4 La courbe de demande de travail - 98 - la courbe de demande de travail est décroissante. Plus le salaire, le nombre de travailleurs employeurs vont embaucher.
5. l'offre de travail - 102 - la courbe d'offre de travail est ascendante car plus le salaire, plus les gens qui sont prêts à travailler
6. mobilité des travailleurs - 108 - la circulation des travailleurs entre les emplois, les entreprises et les industries.
7. basée sur les compétences des changements technologiques - 109 - l'évolution technologique qui affecte les produits marginaux de travailleurs plus qualifiés différemment de ceux des travailleurs moins qualifiés.
8. la population active - 111 - le nombre total de personnes occupées et des chômeurs dans l'économie.
9 Taux de chômage - 111 - le nombre de personnes en chômage, divisé par la population active
10 Taux de participation - 111 - le pourcentage de la population en âge de travailler dans la population active.
11. chômage structurel - 115 - à long terme et le chômage chronique indépendamment de l'état de l'économie.
12 Le taux de chômage cyclique - 116 - le chômage supplémentaire qui se produit pendant les périodes de récession.

ICA et HW 4
Répondez aux questions de développement suivantes:
1 Comparez le chômage structurel de chômage cyclique.
2 Comparez l'offre et la demande de main-d'œuvre en termes de courbes.
3 Décrire la différence entre les taux de participation et le taux de chômage.
4. Discuter de l'actuel l'évolution du chômage et des salaires réels tendances dans votre pays.

Ressources Internet pour cette leçon
Référence générale
http://www.askmrmovies.com
Tendances de chômage
Tendances des salaires réels

Leçon les plans de Tafero de Jour - Bernanke Macroéconomie - Croissance économique et d'épargne - Cinq
Leçon 5 - la croissance économique et de l'épargne
1 La valeur de la monnaie est à peu près égal au pourcentage de la sortie individuelle d'une personne dans un pays qui est comparé à celui d'un autre pays. Exemple, la sortie de l'Américain moyen est environ six fois et demi supérieure à la sortie d'un Chinois moyen. Par conséquent, la valeur de six ans et demi de dollars chinois (RMB) est seulement égale à environ un dollar américain.
2. productivité moyenne du travail - 136 - la production par travailleur

3. intérêt composé - 133 - le paiement des intérêts non seulement sur le dépôt initial, mais sur tous les autres intérêts ainsi.
4. capital humain - 239 - un amalgame de facteurs tels que l'éducation, la formation, l'expérience, l'intelligence, l'énergie, les habitudes de travail, la fiabilité, l'initiative, et d'autres qui influent sur la valeur du produit marginal des travailleurs.
5. rendements décroissants de la capitale - 141 - Si la quantité de travail et d'autres intrants sont constantes, alors la plus grande est la quantité de capital déjà en cours d'utilisation, moins une unité supplémentaire de capital ajoute à la production.
6. entrepreneurs - 144 - des gens qui créent de nouvelles entreprises économiques
7. épargne - 163 - moins les dépenses du revenu courant des besoins actuels
8. taux d'épargne - 163 - épargne divisé par le revenu
9 Richesse - 163 - la valeur des actifs moins les passifs
10. actifs - 163 - quelque chose de valeur que l'on possède
11. Passif - 163 - les dettes on doit
12 Bilan - 163 - une liste des unités économiques des actifs et passifs
13 Flow - 164 - une mesure qui est définie par unité de temps
14. Stock - 164 - une mesure qui est définie à un point dans le temps
15. gains en capital - 165 à l'augmentation de la valeur des actifs existants
16. pertes en capital - 165 - diminution de la valeur des actifs existants

ICA et HW 5
Répondez aux questions de développement suivantes:
1. Discutez capital humain.
2 Discuter des rendements décroissants du capital
3 Discuter des effets de l'intérêt composé à la fois en termes d'économies et de la dette
4. Discuter de la question de la productivité par rapport aux autres pays

Ressources Internet pour cette leçon
Référence générale
http://www.askmrmovies.com
Intérêts composés
Productivité

Leçon les plans de Tafero de Jour - Bernanke Macroéconomie - l'épargne nationale, d'investissement et de capital - Six
Leçon 6 - L'épargne nationale, d'investissement et de capital
1. épargne nationale - 168 - l'économie de l'ensemble de l'économie, égal au PIB Les dépenses

moins de consommation et les achats publics de biens et de services.
2. paiements de transfert - 169- paiements le gouvernement fait pour le public pour lequel il ne reçoit pas de biens ou de services actuels
3. Saving Private - 169 - l'économie du secteur privé de l'économie est égal au revenu après impôt des dépenses de consommation moins du secteur privé. C'est un élément extrêmement important de la capacité d'un pays à équilibrer son budget; tout comme l'enregistrement comme une famille moyenne qui est important pour que la famille de faire des progrès économiques.
4. économie publique - 169 - l'économie du secteur des administrations publiques est égal au montant de l'impôt net moins les achats gouvernementaux. Cela implique que le gouvernement sera prudent lorsque les dépenses de l'argent des contribuables.
5. budget du gouvernement Surplus - 170 - l'excès de collections d'impôt du gouvernement sur les dépenses du gouvernement. Plutôt que de laisser cet argent dans les banques mensonge, il est parfois préférable de réinvestir les économies dans des projets plus agressifs qui permettront de sauver de l'argent en thefuture. Il peut s'agir de dépenses en immobilisations pour améliorer l'infrastructure ou de transport, ce qui ajoutera encore plus d'argent à la base d'imposition.
6 Budget de l'Etat Déficit - 170 - l'excédent des dépenses du gouvernement sur le recouvrement des impôts. Cela devrait toujours être maintenu à un minimum que les intérêts payés sur cette somme ne sert à rien positif dans l'économie.
7. épargne de cycle de vie - 173 - d'épargne pour atteindre les objectifs à long terme tels que la retraite ou une maison
8. épargne de précaution - 173 - épargner pour la protection contre les revers inattendus tels que la perte d'un emploi ou des problèmes médicaux
9 Legs économie - 173 - épargne fait dans le but de laisser un héritage
10. éviction - 184 - la tendance de l'augmentation des déficits publics pour réduire les dépenses d'investissement.

ICA et HW 6
Répondez aux questions de développement suivantes:
1. Discuter de l'épargne nationale. Comment ne l'épargne nationale affecte l'économie nationale?
2 Comparez l'épargne privée et publique
3 Comparez les excédents et les déficits gouvernementaux et les effets qu'ils ont sur l'économie.
4. Discuter du concept de l'éviction. Comment cela peut-il avoir un impact négatif sur l'économie d'un pays?
Ressources Internet pour cette leçon
Référence générale
http://www.askmrmovies.com
Éviction

Répercussions de déficit public

Leçon les plans de la Journée de Tafero - Bernanke Macroéconomie - Le système financier, l'argent et les prix - Sept

Leçon 7 - Le système financier, l'argent et les prix

1. intermédiaires financiers 192 - entreprises qui accordent des crédits à des emprunteurs à l'aide de fonds recueillis auprès des épargnants.
2. Bond 194 - une promesse légale de rembourser une dette, y compris généralement à la fois le capital et les paiements d'intérêts réguliers.
3. capital 194 - le montant initialement prêté
4. maturation date 194 - la date à laquelle le capital sera remboursé
5. paiements de coupon 194 - paiements d'intérêts effectués régulièrement à l'obligataire
6. Coupon 194 - le taux d'intérêt promis quand une obligation est émise: les versements annuels de coupons sont égaux aux temps des taux de coupon le montant principal de l'obligation.
7. Stock (équité) 196 - une revendication de propriété partielle d'une entreprise
8. dividendes 196 - un paiement régulier reçu par les actionnaires pour chaque action qu'ils détiennent
9 La prime de risque de 198 - le taux de rendement que des investisseurs financiers ont besoin de détenir des actifs risqués, moins le taux de rendement des actifs sûrs
10 Diversification de 199 - la pratique de la propagation de sa richesse sur une variété de différents placements financiers à réduire le risque global
11 fonds communs de placement 201 intermédiaire financier -a qui vend ses propres actions au public, puis utilise les fonds levés pour acheter une grande variété d'actifs financiers (généralement stock)
12 Argent 201 - un actif qui peut être utilisé pour effectuer des achats
13. Moyen d'échange 202 - un bien utilisé dans l'achat de biens et services
14 Barter 202 - le commerce direct de biens ou de services pour d'autres biens ou services
15 Unité de compte 202 - une mesure de base de la valeur économique
16 Magasin de valeur 202 - un actif qui sert de moyen de tenir la richesse
17 M1 203 - somme de la monnaie en circulation et les soldes détenus dans la vérification des comptes
18 M2 203 - tous les actifs de plus de M1, des actifs supplémentaires qui sont utilisables pour effectuer des paiements, mais à un coût plus élevé ou des inconvénients que la monnaie ou de chèques
19. réserve de dépôt de rapport 206 - les réserves des banques divisé par les déposants
20 réserves fractionnaires système bancaire 206 - un système bancaire dans lequel les réserves des banques sont moins que les dépôts de sorte que le ratio de réserve de dépôt est inférieur à 100 pour cent
21 Système de Réserve fédérale (FED) 210 - la banque centrale des États-Unis
22. achat sur le marché 211 - l'achat d'obligations d'État de la population par la FED dans le but d'accroître l'offre de réserves de la banque et de la masse monétaire
23 Vente d'open-market 211 - la vente par la FED d'obligations d'État à la population dans le

but de réduire les réserves des banques et l'offre de monnaie
24. d'open-market des opérations 211 - achats sur le marché libre et les ventes sur le marché libre
25 Velocity 212 - la vitesse à laquelle l'argent change de mains dans les transactions portant sur des biens et services finaux

ICA et HW 7
Répondez aux essais suivants
1. Discuter de l'Open Market.
2. Discutez calculs M1 et M2.
3 Discutez diversification.
4. Discutez intermédiaires financiers.

Ressources Internet pour cette leçon
Référence générale
http://www.askmrmovies.com
Diversification

Intermédiaires financiers

Leçon les plans de Tafero de Jour - Bernanke Macroéconomie - fluctuations à court terme économiques - Huit
Leçon 8 - à court terme les fluctuations économiques
1 225 Récession - une période où l'économie croît à un rythme nettement inférieur à la normale. Les récessions sont considérés comme une amélioration par rapport à des dépressions, mais un recul de l'expansion.
2. Dépression 225 - une récession particulièrement sévère ou prolongée. La longeur d'une

dépression peut affecter gravement l'économie nationale.
3 Pic 226 - le début d'une récession; le point haut avant un ralentissement
4. Fosse 226 - à la fin d'une récession; le point bas de l'activité économique avant une reprise
5. Expansion 227 - une période où l'économie croît à un rythme nettement supérieur à la normale. Ce pourcentage ne peut être maintenue pour un nombre étendu d'années sans causer quelques dommages collatéraux.
6. Boom 227 - une expansion particulièrement forte et prolongée
7. production potentielle Y 231 - le montant maximal durable de la production (PIB réel) qu'une économie peut produire
8. écart de production Y 232 - la différence entre la production réelle de l'économie et son potentiel de production comme un point dans le temps
9 de récession Gap 232 - un écart de production négatif, ce qui se produit lorsque la production potentielle dépasse la production réelle. Il s'agit d'un naturaloccurrence, car les populations ont tendance à dépenser moins pendant les récessions.
10 expansionniste Gap 232 - un écart de production positif, qui se produit lorsque la sortie réelle est supérieure à la production potentielle. Il s'agit d'un naturaloccurrence, puisque les populations passent le plus souvent plus en période d'expansion.
11 Taux de chômage naturel 233 - la partie du taux de chômage total qui est attribuable à un chômage frictionnel et structurel. Ce chiffre doit être ajouté aux chiffres sous-emploi pour obtenir une vue plus réaliste de la véritable taux de chômage dans tous les pays.
12 Okun loi 295 - chaque point de pourcentage supplémentaire de chômage cyclique est associée à une augmentation de 2 points de pourcentage dans l'écart de production.

ICA et HW 8
Répondez aux essais suivants:
1 Discutez de la loi d'Okun.
2 Discuter de sortie, de récession, et les lacunes expansionnistes.
3 Discuter de la différence entre les récessions et dépressions.
4. Discutez le taux de chômage naturel.

Ressources Internet pour cette leçon
Référence générale
http://www.askmrmovies.com
La récession et la dépression

Taux de chômage naturel

Lesson Nine - Examen intra

Leçon les plans de Tafero de Jour - Bernanke Macroéconomie - économies Simulation - Leçon Dix
Leçon 10 - Simulation pour les économies nationales

1 Chaque étudiant sera affecté (au hasard) un pays. Chaque pays aura une crise financière particulier qui devra être résolu par divers changements économiques dans la politique. Certains des crises sera basé sur de vrais événements historiques et d'autres seront purement fictif. L'étudiant devra faire des recommandations aux dirigeants de chaque pays pour régler divers facteurs économiques tels que les taux d'intérêt et des contrôles inflationnistes. D'autres problèmes pourraient être catastrophiques événements ponctuels qui dévastent les économies actuelles. Le chômage massif, la dette nationale écrasante, les guerres, les maladies massif, tremblements de terre, les inondations, les récessions, des dépressions, et d'autres événements affectant négativement seront potentiellement appliquées à chaque pays. L'enseignant peut choisir de mettre les équipes économiques réunis pour cette simulation ou chaque élève être complètement seuls dans leur simulation.

2. variables à prendre en compte par l'individu ou de l'équipe:
un. Les taux d'intérêt - taux inférieurs = un accès plus facile au crédit, des taux plus élevés diminue l'accès
b. L'inflation - faible inflation peut être un signe de stagnation, l'inflation élevée, le signe d'une économie ou d'une surchauffe qui est en panne.
c. Chômage - faible taux de chômage indique généralement une économie saine, tandis que le chômage élevé est habituellement débilitante à une économie.
d. La stabilité politique - Les gouvernements instables ont tendance à avoir des économies instables
e. valeur des devises - des monnaies fortes doit être équilibré par la diversification
f. La dette nationale - doit être maintenu à un minimum jusqu'à un excédent peut être réalisé
g. Guerres - généralement préjudiciables à l'économie
h. Les épidémies - préjudiciable à tous les niveaux de l'économie
i. Tremblements de terre - peuvent être dévastatrices pour l'économie (Japon)
j. Inondations - doivent être contrôlés comme l'Inde et la Chine pour réduire l'effet sur les économies
k. Récessions - cycle naturel de l'activité
l. Les dépressions - un événement anormal dans le cycle naturel de l'entreprise
m. Hotels excessives ou des services sociaux - fuite constante sur les économies saines
n. Les dépenses militaires excessives - fuite constante sur les économies saines

3. étudiants ou équipes auront une semaine pour trouver des solutions au problème de la situation de chaque pays.
4 L'instructeur évaluera les solutions de l'étudiant ou de l'équipe basée sur une application raisonnable des principes macro-économiques appliquées à la situation.

ICA et HW 10
Répondez aux essais suivants:
1 Comment voulez-vous changer les taux d'intérêt pour juguler l'inflation?
2 Comment voulez-vous réduire la dette nationale (tout pays)?
3 Comment qualifieriez-vous corriger pensions excessives et les services sociaux?
4 Comment qualifieriez-vous corriger les dépenses militaires excessives?
Ressources Internet pour cette leçon
Référence générale
http://www.askmrmovies.com

Réduction de la dette nationale

Réduire les dépenses militaires

Leçon les plans de Tafero de Jour - Bernanke Macroéconomie - Dépenses - Eleven

Leçon 11 - Dépenses et sortie sur le court terme
Coûte 1 246 Menu - le coût des changements de prix
2. prévue globale des dépenses 247 - total des dépenses prévues sur les biens et services finaux
3. fonction de la consommation de 250 - la relation dépenses de betweenconsumption et ses déterminants tels que le revenu disponible
4. la consommation autonome 250 - dépenses de consommation qui n'est pas liée au niveau du revenu disponible
5. effet de richesse 250 - la tendance de l'évolution des prix des actifs à affecter la richesse des ménages et donc leurs dépenses de consommation
6. propension marginale à consommer 251 - le montant par whichconsumption monte quand le revenu augmente jetables de 1 $
7. dépense autonome 253 - la partie de aggregateexpenditure prévu, qui est indépendante de la production
8. dépenses induit 254 - la partie du aggregateexpenditure prévu que dépend la sortie Y.
9 Dépenses Ligne 254 - une ligne montrant la relation entre la dépense globale prévue et la sortie
10. court terme la production d'équilibre 255 - le niveau de sortie à laquelle Y est égale à la dépense globale prévue (PAE); sortie à court terme l'équilibre est le niveau de production qui prévaut pendant la période où les prix sont prédéterminés
11 les revenus et dépenses multiplicateur 262 - l'effet d'une augmentation d'une unité de la dépense autonome sur la production d'équilibre à court terme
12. politiques de stabilisation 263 - les politiques gouvernementales qui sont utilisés pour affecter les dépenses globales prévues, avec l'objectif d'éliminer les écarts de production
13. politiques expansionnistes 263 - actions politiques gouvernementales visent à augmenter les dépenses prévues et la sortie
14. politiques de contraction 263 - actions politiques du gouvernement visant à réduire les dépenses prévues et de sortie.
15. stabilisateurs automatiques 270 - dispositions de la loi qui impliquent des augmentations automatiques des dépenses publiques ou des diminutions d'impôts lorsque de baisse de la production réelle

ICA et HW 11
Répondez aux questions de développement suivantes:
1. Discutez stabilisateurs automatiques.
2. Discutez contraction, l'expansion et les politiques de stabilisation.
3 Discuter le multiplicateur de revenus dépenses.

4. Discuter de la ligne de dépense, les dépenses induites par les dépenses et autonomes.

Ressources Internet pour cette leçon
Référence générale
http://www.askmrmovies.com

Les stabilisateurs automatiques économiques

Multiplier les revenus et dépenses

Leçon les plans de Tafero de Jour - Bernanke Macroéconomie - stabiliser une économie - Douze
Leçon 12 - stabilisation de l'économie et le rôle de la FED
1. Federal Reserve System 286 - La Banque centrale des États-Unis; aussi connu comme la FED
2. Conseil des gouverneurs 287 - La direction de la FED, composé de sept gouverneurs nommés par le président de échelonnés 14 mandat d'un an.
3. Federal Open Market Committee (FOMC) -287 - Le committeethat prend des décisions en matière de politique monétaire.
4. bancaire Panic 288 - Une situation dans laquelle les nouvelles ou rumeurs de faillite imminente d'une ou plusieurs banques conduit les épargnants de se précipiter pour retirer leurs fonds. (Maintenant tous les fonds jusqu'à 100.000 $ chacun sont assurés par la FDIC, ce qui signifie que c'est une bonne idée d'avoir plusieurs comptes bancaires à ce montant à de nombreuses banques différentes)
5. d'assurance-dépôts 290 - un système dans lequel le gouvernement garantit que les déposants ne perdront pas leurs fonds.
6. taux des fonds fédéraux 291 - le taux d'intérêt que bankscharge commercial de l'autre pour les prêts à très court terme.
Règle 7 la politique monétaire 301 - décrit comment une banque centrale prend des mesures en réponse à des changements dans l'état de l'économie.
8. cible d'inflation 301 - objectif à long terme de la FED de l'inflation
9 Cible taux réel d'intérêt 301 - L'objectif à long terme de de la FED pour le taux d'intérêt réel
Décision d'attribution 10 304 Portefeuille - la décision sur les formes pour la tenue de sa fortune
11 Demande d'argent 304 - le montant de la richesse d'un individu choisit de détenir sous forme d'argent.
12. argent demande Curve 305 - Indique le rapport entre la quantité totale d'argent exigé M et le taux d'affaires nominal, i.
13 Discount Window prêt 312 - le prêt de réserves par la Réserve fédérale aux banques commerciales.
14. Taux d'actualisation (__gVirt_NP_NN_NNPS<__ taux de crédit primaire) 312 - le taux d'intérêt que la FED charge les banques commerciales à emprunter réserves.

Exigences 15 313 Réserve - les valeurs minimales fixées par la FED pour des rapports de dépôts bancaires que les banques commerciales sont autorisées à maintenir.

ICA et HW 12
Répondez aux questions de développement suivantes:
1 Discutez de la courbe de demande de monnaie.
2 Discuter de l'importance de l'assurance-dépôts (FDIC).
3 Discuter de la complexité du portefeuille de décisions d'allocation.
4. Discuter de la Federal Open Market Committee.

Ressources Internet pour cette leçon
Référence générale
http://www.askmrmovies.com

demande de monnaie Curve

Federal Open Market Committee

Leçon les plans de Tafero de Jour - Bernanke Macroéconomie - Aggregate offre et la demande et de la politique macroéconomique - Treize
Leçon 13 - La demande et l'offre globales
1. long terme de l'approvisionnement en agrégats (LRAS) Ligne 324 - une ligne verticale montrant la production potentielle de l'économie (Y).
2. changements exogènes des dépenses 327 - changements dans les dépenses prévues qui ne sont pas causés par des changements dans la production ou le taux realinterest
3. resserrement de la politique monétaire 329 - une situation où la Fed abaisse son objectif à long terme pour le taux d'inflation
4. assouplissement de la politique monétaire 329 - une situation où la Fed relève son objectif à long terme pour le taux d'inflation.
5. Offre agrégée courbe (ASC) 331 - montre la relation entre la production d'équilibre à court terme et Y et de l'inflation.
6. inflation choc -336 - un changement soudain dans le comportement normal de l'inflation
7. équilibre à long terme - 337 - situation où l'entrée réelle est égale à la production potentielle et l'inflation réelle est égale à l'inflation attendue et l'objectif d'inflation de la Fed.
8. équilibre à court terme - 337 - situation où il est soit un écart expansionniste ou un écart de récession.
9 Offre agrégée Shock - 346 - soit un choc d'inflation ou d'un choc à la production potentielle.

ICA et HW 13
Répondez aux questions de développement suivantes:
1. Discutez long terme d'approvisionnement en agrégats

2 Comparer resserrement de la politique monétaire à assouplir sa politique monétaire.
3 Discuter de l'Offre agrégée Curve.
4. Comparer équilibre de long terme avec équilibre à court terme

Ressources Internet pour cette leçon
Référence générale
http://www.askmrmovies.com

Long terme de l'approvisionnement en agrégats

Courbe de l'offre globale

Leçon 14 - politique macroéconomique
1. désinflation 357 - une réduction substantielle du taux d'inflation
2. politique accommodante 359 - une politique qui permet les effets d'un choc de se produire
3. attentes inflationnistes ancré 363 - lorsque les attentes de la population de l'inflation future ne changent pas même si l'inflation est temporaire
4. taux d'inflation de base 365 - le taux d'augmentation de tous les prix, sauf l'énergie et de l'alimentation
5. crédibilité de la politique monétaire 366 - la mesure dans laquelle le public croit que les promesses de la banque centrale à maintenir une inflation faible, même si cela peut entraîner des coûts économiques à court terme.
6 Banque centrale Indépendance 367 - lorsque les banquiers centraux sont isolés par des considérations politiques à court terme et sont autorisés à prendre une vue à long terme de l'économie
7. Supply-Side Politique 372 - Une politique qui affecte la production potentielle
8 Taux d'imposition marginal 373 - le montant de l'impôt augmentent quand avant impôt le revenu augmente d'un dollar
9 Taux d'imposition moyen 373 - le total des impôts divisé par le total avant impôt
10 LAG à l'intérieur 378 - le délai entre la date d'un changement de politique est nécessaire et la date effective de sa mise en œuvre
11 Lag extérieur 379 - le délai entre la date d'un changement de politique est mise en œuvre et la dateby que la plupart de ses effets sur l'économie ont eu lieu

ICA et HW 14
Répondez aux essais suivants
1. Discuter de la différence entre une Lag intérieur et un extérieur en matière de politique macroéconomique.
2 Discuter de la différence entre un taux marginal d'imposition et un taux d'imposition moyen.

3 Discuter de l'importance de la Banque centrale de l'Indépendance.
4. discuter du taux de base de l'inflation.

Ressources Internet pour cette leçon
Référence générale
http://www.askmrmovies.com

Taux de base de l'inflation

Lag Lag extérieur à l'intérieur et dans la microéconomie

www.ingramcontent.com/pod-product-compliance
Lightning Source LLC
Chambersburg PA
CBHW071729170526
45165CB00005B/2209